とてもじゃないが

国字「辻」のなぞ

西井辰夫
NISHII TATSUO

幻冬舎 MC

とてもじゃないが

国字「迚」のなぞ

目次

序章　「とても」を漢字で書けるか

「とてもじゃないが、あいつにはかなわない」
「そんな話を聞くと、とてもじゃないが黙っていられない」
よく聞く科白《せりふ》である。「とてもじゃないが」は面白い言葉だ。「ない」とあるから「とても」を否定するのかと思うと、そうではなくて、「とても」を強調する表現である。「とてもとても」と言うのと同じことなのだ。

ここの「とても」は文末の「ない」を伴って「とうてい……ない」という否定表現を作る場合であるが、「とても」は「たいへん」「たいそう」の意味で肯定表現を強調することもある。例えば、「とても親切にしてくれた」などである。

さらに、今は使われなくなったが、「とてものこと」といえば「いっそのこと」の意味だった。「とてものついで」も同じような意味である。その他にも昔は肯定表現での用法があり、「とても」は使い方でいろいろ変わった意味を持つ。

いろいろな意味に使われる「とても」を一字の漢字で表記しろといわれると、むずかしい。そのような漢字は思い当たらない。ところが、あるのである。「迚」という字である。厳密にいうと漢字ではない。日本で我々の祖先が作った字、国字である。常用漢字制定後は表外字にされた「迚」は使われなくなってしまったが、戦前は頻繁に使われ、国定教科書『国語読本』作成に使われる文部省活字にも含まれていた。日本独自の「とても」という言葉には場合場合で意味は違っていてもそこに共通する何かがあって、その何かを端的に表現したいが中国渡来字では役に立たないので、日本人は工夫をしたのであろう、その共通する何か（要素）を「迚」という字で表記したのである。その要素とは何なのだろうか。

それにしても何とも不思議な字である。「迚」は「中」と「辶《しんにょう》」の合字である。「中」は「なか」すなわち一つづきのもの（例えば一本の紐）の両端でない場所、なかほど、途中を表す字であり、また外に対してうち、内部を表す字でもある。その「中」と、歩く、または道を表す「辶」を組み合わせて「とても」の意味、いろいろな意味に共通する要素をどうして表すことができるのだろうか。

第一章　とても

一、「とても」の意味

山路《やまみち》を登りながら、かう考へた。
智に働けば角《かど》が立つ。情に棹させば流される。意地を通せば窮屈だ。兎角に人の世は住みにくい。

夏目漱石の『草枕』の冒頭の一節である。合理性を重んじる生活態度、情の赴くところに任せたいという生活態度、自己主張を貫きたい生活態度を対比して、どれを選んでも処世上問題があるということである。「兎角」は「とかく」の当て字である。「とかく」は「あれこれ」「何やかや」、さらに進んで「とにかく」「いずれにせよ」の意味である。「と」（「そのように」の意味）と「かく」（「このように」の意味）を組み合わせたものだ。古い時代に「と」と「かく」にそれぞれ「ありても」をつけて「とありてもかくありても」という表現が生まれ、それの省略形として「とてもかくても」という言葉ができたらしい。「どんなことがあろうと」（決意を示す）、「いずれにせよ」（諦めの気持を籠める）などの意味を持ち、次の例のように平安中期の文学作品にすでにみられる言葉である。

○をのれはとてもかくても経《へ》なむ。女のかく若《わか》きほどにかくてあるなむ、いといとおしき（『大和物語』、百四十八。天暦頃《950年頃》）

○身《み》の甲斐《かひ》なくて「とてもかくても珍《めづ》らしからぬ世《よ》なりや」などいふ（『宇津保物語』、国譲下。平安中期《970－1000年頃》）（「いずれにせよ面白くない世の中だ」）

（右の二例『日本古典文学大系』による）

「とてもかくても」をさらに省略した形が「とても」であるが、「とてもかくても」より用法が多少拡がったようだ。「とても」が「とてもかくても」の省略形であることは、後述する「迚」という漢字表記が広く使われるようになったと思われる室町時代中・後期に、多くの古辞書は「迚」を「とても」と訓《よ》んでいるが、「トテモカクテモ」としているものもある（『伊京集』）ことからもうかがえる。「とても」の成立は平安時代の後半ではあるまいか。文学作品に「とても」がみられるのは『平家物語』（一三世紀初頭頃か）あたりからだと思われる。

日本国《(につ)ぽんごく》に、平家《へいけ》の庄園《しやうゑん》ならぬ所《ところ》やある。とてものがれざらむ物ゆへに……（『平家物語』、三、行隆之沙汰）（『日本古典文学大系』）

あらためて「とても」の構成と意味を点検してみたい。

「とても」は「と」と「ても」の合成語である。「と」は前述のように「そのように」の意味であるが、「ても」は「仮定の条件をあげて、後に述べる事がそれに拘束されない意を表す」（『広辞苑』）。従って、「とても」の意味は（省略されている「かくても」をあわせ考えると）、「そうであっても、こうであっても」「たといそうしようとも、こうしようとも」という意味になり、「どうしようとも」「つまるところ」「しょせん」という言葉が導かれる。「とても」は「どうしたって勝つ」「しょせん勝てない」のように、正反対の局面に使い得る面白い言葉であり、違う局面では違う気持を表すものである。具体的に「とても」の意味（むしろ気持というべきか）とその用例は『日本国語大辞典』が詳しく説明しているのでそれに譲り、ここでは『広辞苑』に従って次の三つの用法に要約する。

①（否定を伴って）どんなにしても、なんとしても、とうてい

②どうせ、ともかく、所詮（決意も諦めも含む肯定用法）

③非常に、たいへん

現代の用法はほとんど①と③であって、用例を示すまでもあるまい。③の強調用法は①から変化したもののようで、「大正期の中ごろから多用されるようになったらしい」（『日本国語大辞典』）新しい用法である。②の肯定用法は非常に重要なものであるが、現在はほとんど使われなくなっているため、どんなものなのかちょっと想像しにくい。煩わしいことだが、『日本国語大辞典』の掲げる例文のいくつかを左に孫引きする。どれも「とても」を「どうせ」などと訳せばよいものであるが、それがもたらすものは捨《す》て鉢《ばち》の気持であったり、禍福を転じた嬉しい状態であったり、「どうせもともと」という

説明だったり、さまざまである。意訳文の「とても」に対応する言葉に傍点をつけた。

○下へ落しても死むず。とても死《しな》ば敵の陣の前にてこそ死め（『延慶本平家物語』《1309—1310年》、第五本）（下は一〇丈《約三〇メートル》はある断崖。馬で駆け降りても落ちて死ぬだけのことだろう。しかし、もう戻ることもできない。どうせ死ぬなら駆け降りて敵の陣の前に落ちて死んでやろう《捨鉢な気持》）

○我はとても手負たれば此にて打死せんずるぞ（『太平記』《一四世紀後半》、五）（《大塔宮に無事逃げてもらうため》重傷を負った自分はどうあろうとここに残って敵をくいとめ討ち死にするぞ《強い決意》）

○迚も縁者になるうへは、（中略）今一組祝言いたさせ申べし（浮世草子、『本朝桜陰比事』《1689年》、五）（どうせ障害者同士を夫婦にするのだから、もう一組、健常者であるそれぞれの妹と弟も結婚させることにしよう《当事者全員が満足》）

○とても今宵は七夕の、とても今宵は七夕の、手向けの数も色々の（謡曲『関寺小町』《1429年頃》）（どうせもともと今宵は七夕なのだ。関寺の庭には星に手向

ける数々の供物が用意されている（（そこへ老醜を恥じる小町を迎える））

○およそ、物狂の出立、似合ひたるやうに出立つべき事、是非なし。さりながら、とても物狂に訰（ことよ）せて、時によりて、何とも花やかに、出立つべし（『風姿花伝』（（1400―1402年頃））、二）（物狂いの身ごしらえは似合ったようにするのは当然だが、どうせ物狂いなのだからそれにかこつけて、その時の状況によっていっそうんと花やかな格好《かっこう》にしたらいい）

右の用例の二番目、『太平記』に使われている「とても」については問題がある。『日本国語大辞典』はここで「とても」を文末の「打死せんずるぞ」を強調する副詞だと捉えている。用例の文は高貴な主君の命を救うため当然の覚悟の局面で、「とても」を「どうあろうと」と訳して決意を表す用例に採用しているのである。ところが『日本古典文学大系』所収の『太平記上』は、頭注で次のようにいっている。「（この『とても』は『どんなにしても』の意味で）本来否定または間接の否定をともなうので、ここも下にノガレ得ズなどの語が略されたとも考えられるが、明治末期から否定形をともなわずに用い『非常に』『すこぶる』と訳したその先例とも見ることができる」。たしかにこの「とても」は文中に置かれた位置からみて「打死せんずるぞ」にかかるとするのはやや無理な気がする。大系本の解説は尤もで納得性がある。しかし、「のがれ得ず」のような肝心な辞句が省略されたとするのは考えにくいことである。また、すなおに読めば「とても」は「ひどく」の意味で「手負たれ」にかかる強調の現代用法の副詞にみえるし、そうとるのが自然かもしれないが、明治末期（あるいは大正の中頃）からみられるようになったとされる現代用法の先例とするには『太平記』は時代が遡りすぎているようだ。この「とても」の用法はさらに検討する必要があろう。

二、用法の拡大

「とても」は「と」と「ても」の合成語であるから、「とても」に漢字、例えば「迚」をあてた場合、「迚」の一字で「とても」と訓むべきであって、「迚も」と書くことはないはずである。しかし、実際には「迚も」と表記されることが多かった。日本語で漢字一字で表される副詞はほとんどすべて仮名一字を送って二字で構成されている。「必ず」「暫《しばら》く」「甚だ」「予《あらかじ》め」「若《も》し」「正に」など枚挙に遑《いとま》がない。このことは漢文訓読での送り仮名に由来しているのではなかろうか。漢文で、ある字が後続の字と結合して熟語を作っているのではなく、独立した一字一語の副詞であることを示すのに訓み仮名の最後の一字を送り仮名として記載するのが常であった。その形が訓み下し文に、そして漢字仮名交じり文に受け継がれていった。中世戦国時代のほとんど漢字ばかりの変体漢文にもそれがみられるのである。従って一字の副詞「迚」が「迚も」と表記されて蓋《けだ》し当然なのだ。問題なのは「迚も」を「とても」と訓めば「迚」を「とて」と訓んだことになり、「迚」は「とて」という言葉があればそれの表記字になるということである。

厄介なことに、日本語に「とて」という助詞があり、『源氏物語』などにも多く使われている古い言葉である。さらに困ったことに「とて」を強めて「とても」という助詞があり、これも古くからある言葉である。例えば「かたちとても人にに《(似)》ず、こゝろたましひもあるにもあらで」（『かげろふの日記、上』（974年頃））（『日本古典文学大系』）。なお、助詞の「とて」には格助詞、接続助詞の別があり、ここの「とても」は格助詞「とて」の強調形である。格助詞「とて」は「といって」「と思って」「として」などの意味であり、接続助詞「とて」は「たとひ……であっても」の意味で仮定の逆接を示すものであるが、詳しくは触れない。

助詞「とても」は「とて」（「といって」「として」）の強調形で、「……だって」「……としても」の意味である。「彼はできなかった。私とてもできない」は「私だってできない」ということである。ところが、「私とてもできない」は「私」の後に読点を打って「私、とてもできない」としてしまえば「私はとうてい（到底）できない」という意味になって、「とても」は副詞に変わってしまっている。このように、二つの「とても」は意味も語の構成（副詞のときは「と」＋「ても」、助詞ならば「とて」＋「も」）もアクセントも全然違う別の言葉でありながら混同されやすい状態にある。そのため、一方のための表記字を他方にも使用することは避けられない。副詞「とても」を「迚」と表記したものが「迚も」と書かれるようになると、「迚も」は助詞「とても」の表記にも使われるようになる。そうすると「迚」は「とて」と訓むことになるから、結果的に助詞「とて」の表記字になってしまった。副詞であれ助詞であれ、「とて」単独でも「とても」の形でも、およそ「とて」という言葉は「迚」によって漢字表記されることになってしまったのである。

第三章で「迚」の成り立ちについて考えるが、そこで対象となる「迚」は本来の「迚」、すなわち副詞「とても」の表記字である「迚」であって、助詞「とて」の表記に流用されてしまった「迚」ではない。

余談であるが、「とかく」に当て字される「兎角」はもともと兎《うさぎ》の角《つの》のことである。亀毛《きもう》と並んであり得ないことの例として使われる。空海（弘法大師）は大学寮の学生であった時（二四歳といわれる）、儒教、道教に対比して仏教が卓越していることを説く戯曲形式の『聾瞽指帰《ろうこしいき》』一巻を書いた。館の主人である兎角《とかく》公が、放埒《ほうらつ》な甥の蛭牙《しつが》公子をいましめるべく、訪れて来たすぐれた儒家の亀毛《きもう》先生に頼んで儒教とそれが現世でもたらす利益を説いてもらう（「亀毛」は『聾瞽指帰』では「鼈毛《べつもう》」としていたが、『三教《さんごう》指帰《しいき》』では「亀毛」に改められている。「兎角」とならんで使う用語としては「亀毛」

とするのが通常なので、ここでも以下「龜毛」とせず「亀毛」先生と表記する)。蛭牙は教えに感動し、改心して兎角と共に儒教の信奉を誓う。そこに虚無隠士《きょぶいんじ》が登場して道教のもたらす天上の楽しみを説くと、兎角も亀毛も蛭牙もたちまちそれに傾倒する。最後に仮名乞児《かめいこつじ》が登場して仏教の要諦と功徳を説くと、兎角・亀毛・蛭牙・虚無はそろってその教えに圧倒され、仏教に帰依するに至る。仏教の優位性を示し仏道に勧誘する十韻詩が仮名から提示され一篇を終わる。

なお、『三教指帰』三巻は空海の主要著作の一つであり、『聾瞽指帰』はその異本とされている。しかし、『聾瞽指帰』は空海の真筆と認められている一巻(二巻に装丁)が現存し、国宝である。長く『聾瞽指帰』は『三教指帰』の草稿だといわれてきたが、両者を較べると執筆の意図をうかがわせる序文と締めくくりの十韻詩が全く異なっているなど、前者を意図的に改作したものが後者だとする見方が今は多いようだ。しかし、『三教指帰』の成立の経緯はよく分かっていない。

登場人物のうち仮名乞児は空海が自らを仮託したものであろうが、兎角・亀毛・虚無・蛭牙(蛭《ひる》の牙《きば》。出典は仏典らしい)はすべて架空の人物である。

第二章　「とても」を表記する字

「とても」という言葉が文献にみられるようになったのは、前述の通り『平家物語』あたりからのようである。そして、その漢字表記が辞書に登場するのは室町時代も中期以降になってからであった。乾《いぬい》本以前の主な古本節用集によってその出現状況をみると次のようである。

伊勢本
『文明本』　迚《トテモ》　譡《タウ》同 言中理也
『天正十八年本』　譡《トテモ》　迚《トテモ》二字俗字非ナリ
『伊京集』　迚《トテモカクテモ》
『饅頭屋本』　迚《トテモ》　譡同

なお、国会図書館の、インターネットでみられるデジタルコレクションに室町末期写と推定される伊勢本系統の本があり、その中には「迚」はなく、「譡《トテモ》」だけが記載されている。

また、伊勢本であろうと推定されている『大谷大学本』では「登」部に「トテモ」と訓む字は記載がないが、末尾に本文とは異なる筆で「襠《トテモ》」という書き込みがあり、書写と同時代の書き込みかそれ以後の所持者によるものかは不明である。この「襠《トテモ》」は衣偏でなく示偏で書かれているが、衣偏の誤りだと考えたい（理由については後述する）。

印度本

『黒本本』　迚《トテモ》　譡叓《トテモノコト》

『弘治二年本』
『永禄二年本』
『堯空本』
『両足本』
『村井本』
　　迚《トテモ》

『和漢通用集』　迚《とても》猶以の義

『慶長九年本』　迚《トテモ》　譡《同》

このように、室町時代中・後期の頃、「迚」と「譡」の二つの字が「とても」の表記字として広く認められたと考えられるが、さらにこの時期のものとはいえず後世のことかもしれないが、言偏《ごんべん》を衣偏に変えた「襠」が考案されたようにみえる（節用集に書き込まれた字は示偏の「襠」であるが）ことは、「とても」の表記字の成り立ちを考えるにあたって留意すべきことのように思われる。

節用集以外の辞書についてみると、鎌倉時代から室町時代にかけて、『温故知新書』（文明一六（1484）年成立）までの辞書（『頓要集《とんようしゅう》』や『撮壌集《さつじょうしゅう》』など）に「とても」の漢字表記は見出し難い。ようやく天文一七（1548）年成立といわれる『運歩色葉集《うんぽいろはしゅう》』に「迚《トテモ》」の記載がある。

江戸時代の節用集はどうであろうか。この時代は多種多様な節用集が刊行されているが、ほとんどのものが「迚」を「とても」の表記字としている。さらに「とても」の表記字について次の四点を持長として挙げることができよう。

一、「迚」と並んで「迚事《トテモノコト》」を掲出するものが増えた。

二、「譡」はもはや全くみられない。

三、「擋」が出現した。

四、少数だが「壋」をあてるものがある。

最も注目すべきが「擋」の出現である。主なものとして三つの例を挙げる。

『合類節用集』　延宝四（1676）年序、延宝八（1680）年刊

迚《トテモ》 又擋《タウ》 同

『書言字考節用集』　元禄一一（1698）年序、享保二（1717）年刊

擋《トテモ》　迚 同 本朝俗字 音義未詳

『江戸大節用海内蔵』　宝永元（1704）年原板、文久三（1863）年刊

擋《トテモ》　迚 同 本朝俗字

「墡」は『大成正字通』（天明二《1782》年刊）や『字引大全』（文化三《1806》年刊）などに「迚《とても》」と並んで記載されているものであるが、この字は「とても」と訓むべき根拠づけが困難であるし、「擋」を誤って「墡」とした可能性もあるので、ここでは検討対象から除外することにする。

こうしてみると、「迚」が作字されたのは室町後期に入ってから、あるいはもう少し早く応仁、文明の頃ではないかと思えてくる。ところが、古文書に目を転じると少し違った状況に驚かされることになる。

室町時代までの古文書は、東京大学史料編纂所がインターネット公開している『大日本古文書』でその多くをみることができる。それを検索した結果に基づき『鎌倉遺文』（東京堂出版）古文書編第二九巻をみると、『駿河大石寺文書』に、「日興書状」として次の一文がある。

盆料の米二・根芋一升、佛聖人の御座候座盆の謝日十五寮迚候堂有り、殊に届け

難有候（後略）（文書番号二二四五六）

日興（1246―1333年）は日蓮（1222―1282年）に師事した日蓮宗の高僧で日蓮正宗の派祖。この文書（盆の届け物に対する礼状）は日付を欠くが、前後の関係から『大日本古文書』は嘉元三（1305）年七月の文書として収録しており、日興の生没年及び大石寺開創の時期（正応三〔1290〕年）からみて矛盾しない。

この文書に使われている「迚」は助詞の「とて」であって副詞ではないが、鎌倉時代後期に「迚」の字が存在したことは間違いなく、また前章に述べた通り「迚」が助詞「とて」の表記字となるのは副詞「とても」に使われた「迚」が流用されたからだとしか考えられないので、この時期に「とても」の表記字「迚」が存在したことも間違いないであろう。ただ、『大日本古文書』が収録している鎌倉時代までの文書で「迚」を含むものはこの「日興書状」一例しかないので、「とても」の表記字として「迚」が実際に多用されていたかどうか明確にできないのは残念である。

「譜」については、『大日本古文書』『大日本古記録』ともに各一件を見つけることができる。どちらも室町時代も末期の安土桃山時代のものであり、これ以前の時期のものは見つからない。

名和顕孝書状（島津家文書之四、文書番号一六五七）

（人質のこと、戦争開始のことを述べ）、御番手衆見知之前候条、譜御疑心之儀者不可有之候（後略）

日付は卯月十六日とあるだけだが、『大日本古文書』は天正九（1581）年としている。

梅津政景日記、三上　慶長一九（1614）年八月廿七日

（銀山で掘り出した濡れた原石を清右・久兵両人が受け取り、麓へ運んで乾燥した状態で弥生・喜左両人へ引き渡すことが命じられたが、山と麓での計量の差が運搬中の乾燥によるものだけか、不正がからんでいないか係争になるだろうし、

麓で軽く計量すれば山元から文句が出るだろうと議論になり）、清右・久兵被申分ハ、譜の事、弥生・喜左石かね山（註　銀山の名前）まで被参、被請取可然由被中候（後略）

濡れ衣を着せられることを恐れる清右・久兵の二人としては当然の発言であろう。「譜の事」は「とてものこと」（いっそのこと）としか訓みようがない。

右二例とも「譜」は「とても」である。

「譜《とても》」の成立はいつ頃と考えるべきなのだろうか。後述するように「譜」がまず「とても」の表記字として使用され「迚」はそれと同じ頃、または少し遅れて考案された字だと考えるなら、「譜」は鎌倉中期には存在していたはずである。ところが『大日本古文書』でも『大日本古記録』でも鎌倉時代にこの字が見つからないという問題がある。しかし、「古文書」「古記録」に収録された膨大な史料の中に「迚」を含むものが「日興書状」の一例しかないということは、数少ない「譜」が洩れただけのことかもしれず、何ともいえない。いずれにせよ、「迚」も、存在していたとして「譡」も、実際に広く使われることはごく少なかったと推定される。

もう一つ忘れてはならない「とても」の表記字がある。「擋」である。

現代の多くの漢和辞典で「擋」をひくと、「おおいかくす」「遮《さえぎ》る」など漢字本来の義を示し、国訓を示していない。『新潮日本語漢字辞典』は日本語辞典だからであろう、訓の一つとして「とても」を掲げ、「どんなにしても」と意味を示している。漢和辞典では、『大漢和辞典』や『新大字典』(講談社)が国訓や和義と断って「とても」の訓みを示している他、『新漢語辞典』(岩波)は漢字の字義を示したあと、「日本で、副詞の『とても』に当てる」としている。『新大字典』はさらに「注意」として「我が国では『とても』と訓じ、どんなにしても、の義とする」と付記している。これらの辞・字書は残念なことに一切用例を示していない。従って「『とても』と訓じ」るのが現代の用法であるのかどうか、過去の用法であるならどの時代にみられた用法だとするのか分からない。他方国語辞典で「とても」をひくと、『日本国語大辞典』では「迚」、『広辞苑』では「迚も」としており、表外字ではあるが「迚」が現代に通用する「とても」の唯一の漢字表記だと考えてよい。それなのに『大漢和辞典』などが「揺」に国訓「とても」があるとするのは、江戸時代の節用集に「揺《トテモ》」が登場するからなのであって、現代の用法だと認めたものではないと推定せざるをえない。元禄の頃「揺」を「とても」と訓んだに違いない。ただそれを史料や文献で裏付けすることができない。

さらに大きな問題がある。

『大日本古文書』で室町時代までの文書についてキーワード「揺」で検索すると、次の二件がヒットした。

播磨海珠寺公事入目注文（大徳寺文書。文書番号二九七六）

（訴訟費用として金額を提示した後）于時文亀三年弐月二日より五月六日迄、借銭にて色々揺申候（後略）

文亀三年は1503年である。

吉川元資元長書状（吉川家文書別集。文書番号三六二）

（本文の前に書き添えられた尚々書である）尚々、先度山四右（人名であろう。未詳）差上候時、書状可遣候之処、揺失念候て無其儀候、

（本文略）

文書の日付は「十一月十一日」であって年代が分からない。吉川元資の生没年（1548－1587年）、名宛人二宮俊実の生没年（1522－1603年）からみて、天正の頃のものとみられる。右の二件に使われている「揺」は副詞の「とても」ではないし、助詞の「とて」でもない。『大徳寺文書』の「揺」は「申す」と複合して動詞を作るのだから体言であろう。現代語なら「準備」や「用意」にあたる言葉でなければならない。『吉川家文書』の場合は「失念する」を修飾する副詞「うっかり」「あいにく」か、「失念する」の目的語で「手配」「支度」にあたる言葉に違いない。この二つの場合に共通して適合する言葉は「手当《てあて》」しかないのではないか。「揺」を偏《へん》と旁《つくり》に分解すれば「手當」になる。つ

まり「揺」は「手當」を一字にした合成字だったと考えられる。
言葉遊びにも似た合成字の作成使用が室町後期に広く行われていたかについては検証する必要があろうが、ここでは『大日本古文書』の『吉川家文書』に次のような例がある（日付は天正三(1575)年十一月廿四日）ことを指摘するにとどめたい。

八木豊信書状（文書番号九三）

（前略）
一武田四郎方至飛彈出勢風聞候、遠国事候間、耽義者不存候、内々其聞候
（後略）

「耽」は「耳に入る」としか訓みようがなく、「耳」と「入」の合成字と考えて間違いないであろう。
以上を要約しつつ「迚」「諯」「揺」の三字の関係と変遷について考えてみたい。史料

が少ないので推測である。極めて可能性が高いと考える推測を次に述べたい。

「とても」という副詞は平安末期頃すでに使われ始めていたと思われるが、鎌倉期後半頃それの漢字表記として「迚」が作字され、そしておそらく「譗」が使用され始めていたと思われる。その担い手は僧侶だったかもしれない。この二字は同じような発想から同じ頃使われたものであろう。しかし、これを使用する階層が広がることはなく、辞書の編者が一般に使用される字として認めることはなかった。

この二字が辞書に登場するのは室町中期以後であり、『大日本古文書』『大日本古記録』で多数みられるようになるのが室町後期、戦国時代になってからである。鎌倉時代から一部の人達が使い続けてきた字が室町中・後期に一般に広く使われるようになったのであろう。戦国時代に特に顕著にみられるのは、戦国武将の活動が盛んになり、書簡の往復が増え、活動の記録が残される機会も急速に増えたことがその背景にあると思われる。

天文年間以降になると、もっぱら「迚」が『大日本古文書』『大日本古記録』双方に多数みられるようになる。副詞「とても」として、また助詞「とて（も）」として、その両方の用途に使われている。「譡」は使用の機会が減っているようだ。『大日本古文書』『大日本古記録』を通して二例しかない。

「擋」は室町後期、戦国時代の初め頃「手」「當」の合成字で「手当て」の意味で使われた。この字が「とても」の表記字として使われ始めたのはその後のことで、室町末期か江戸初期であろうと推定される。「手当て」の意味で使う例は江戸時代にはみられないようである。

江戸時代になると、次章で詳説するように「とても」の表記字は節用集でみる限り（「譡」は消失して）「迚」「擋」「壋」の三字（「壋」はおそらく「擋」を誤写したものが広まっただけであり、正しくは二字だと思われる）であるが、現在我々がみる草子などの創作物にある「とて（も）」は「迚」だけである。「迚」だけが「とて（も）」の表記字だといってよい。副詞「とても」は「迚も」と表記されることも多い。助詞「とて」にも「迚」が使われることはもちろんである。さらに、「然《さ》りとて」を「去迚」と表記する例まで現れた。「非常に」「たいへん」という単純な強調用法はまだ生まれていない。

江戸時代の用例として、井原西鶴の浮世草子からの数件を次に掲げる。『日本古典文学大系』の「西鶴集」からの引用である。

『好色一代男』（天和二（1682）年刊）

巻一

人には見せぬ所

いかに欲《よく》の世中《よのなか》なれば迚《とて》かす人もおとなげなし　（「迚」は助詞）

巻四

目に三月

江戸《ゑど》では小太夫にほれられ、迚《とて》も名《な》の立次手《たつついで》に人のならぬ事をせん　（「迚も」は「どうせ」。「どうせ浮名が立つならそのついでに」の意）

其声《そのこゑ》の美《うつく》しさ、彈手《ひきて》は上手《じやうず》、去迚《さりと(て)》は石刕《せきしう》が見立《みたて》　（「石刕」は女郎の源氏名。「さりとては」は「そうかといって」「それにしても」「そうではあっても」の意味だが、転じて「そう考えてみると」「まったく」「ほんとうに」「さてさて」などの意味になった（『日本国語大辞典』）。ここでは「さすがは」の意味だと解説されている）

『日本永代蔵』（貞享五（1688）年刊）

巻三

煎《せん》じやう常《つね》とはかはる問薬《とひぐすり》

迚《とて》も向《さき》へは持《もち》て行《（ゆけ）》ず。なふてならぬ物は銀《かね》の世中《（よのなか）》　（「迚も」は「とうてい」。「向《さき》」はあの世のこと）

『世間胸算用』（元禄五（1692）年刊）

巻一

問屋の寛闊《くはんくはつ》女

迚《とて》も此《この》家来年ばかり　（「迚も」は「所詮」。この家も来年には人手に渡ってしまうだろう）

現代まで残っている「とても」の用法は否定形を伴った「とうてい」（到底）の意味に使うものだけである。その代わり、大正時代頃かららしいが、前に述べたように「たいへん」「はなはだ」という強調のための用法が加わった。このことについては『日本国語大辞典』が「語誌」で解説しているのでそれに譲る。

戦後は「迚」は当用漢字に採用されず、また助詞、副詞は仮名書きするのが原則となったため、日常「迚」をみる機会は失われてしまった。

第三章　「辿」の成り立ち

一、国字と国訓

「とても」の漢字表記は「迚」である。「迚」は国字である。国字とは漢字を模し、漢字の作法に準じて日本で作られた字のことである。中国にない日本独自のものは中国渡来の漢字では表記できない。そこで日本で新しく字を作ってその独自のものを表記しようということになる。そのとき、「漢字の作法に準じて作る」とはどういうことか。実際に国字の創作は必要に応じ渡来の漢字の改作や誤用などを含めいろいろな過程を辿ってなされたものであろうが、典型化したモデルケースとしていえば、既存の漢字の部首字の中から意味が適切なものを選び、もう一つの適切な意味の字と組み合わせる方法により新しい字が作られる。二つの字の意味を合体させることにより目的とする意味を持った字を作り出すのである。こうしてできた字が会意の作法で作られた国字である。

もし、できた新字と同形の字がすでに中国にあって使われていることが分かったらどうなるか。この字は日本で創作された字とはいえないから、国字と呼ぶわけにはいかない。結果的に中国にある字を借りてきて日本独自の訓みを与えた場合と同じことである。このような漢字本来の意味と異なる日本独自の訓みをその漢字の国訓という。

日本で作られた字が渡来の漢字とは異質のものである（例えば日本独自の訓みを持たせるために作ったものであるから原則として字音《おん》を持たない）という認識は古くからあったようであるが、その異質のものを集め、国字と国訓を区別し、その性質を研究することが江戸時代に始まった。その区別がなされるに至るまでの研究の跡を簡単に辿っておきたい。

まず、日本製の漢字は「和俗字」としてまとめられた。『異体字弁』（中根元圭《げんけい》。元禄五（1692）年序）の巻末に掲げられた「和俗字」八十九字の中に「迚《トテモ》」がある。「和俗字」の「俗」は「正」に対する言葉である。この「和俗字」の表は、著者も注で断っている通り考正が必要だ。載っている字の幾つかは国字ではなく国訓の字である。

『和爾雅《わじが》』（貝原好古《よしふる》。元禄七（1694）年刊）は「和俗制字」として「迚《トテモ》」を含む一群の国字を掲げ、次のようにいう。「以上数字倭俗所レ制。而不レ出二于中華之字書一。不可三以為二正字一（後略）」さらに、「倭俗誤二訓義一字」として国訓や熟字訓の一群の字を掲げ、「以上数字。和俗所レ誤二訓義一也（後略）」としている。『続和漢名数』（貝原益軒。元禄八（1695）年刊）もほぼこれと同じことを説いている。これらから、研究者の当初の捉え方は、国字・国訓は正統でない俗字ないし誤訓であって正しい用法のものではないということだったと考えられる。

『和字正俗通』（山本格安。享保の頃（1730年頃）成立か）は基本的に次の方法で和字を分類する（ここで和字とは国字に限らず広く日本の事物を表記する字のことだと解される）。和字の訓みとそれが表す事物（例えば「沖」は訓みが「おき」で「海の岸から遠い所」を表す）を、漢字が本来表す事物（右の例では「水が湧く」）を対比する。和字が中国の字書に載ってなく、漢字本来が表す事物と対比しようがない字で、会意字であれば「和制一」に分類する。対比して両者が同一なら訓みは正訓である。相違する場合は和字が会意字ならば「和制二」、そうでなければ「和制三」とし、熟字訓ならば「和制四」とする（「国訓」「熟字訓」という用語はまだ使われてないが、「和制一」は国字、「和制二、三」は国訓だと考えてよい）。なお、国字、国訓の字でも、訓が漢字の構成要素の音《おん》に由来するものや、訓がその漢字の本来の意味に近いもの、漢字の意味を誤った意味に解してそれにより訓としたものなどを、右の「和制」に含めず、別に複数の分類項目を作って配置している。分類項目は「和制」を含め合計一一である。また、和字の正俗については区別しているが、俗を排除するのではなく、久しく通用している字は当然受容して使用（正訓があれば併用）すべきだとの立場である。

『同文通考』（新井白石。宝暦一〇（1760）年刊）は初めて国字・国訓という用語を使って両者を区別した。白石の説く所には後世批判もないではないが、基本的な定義はここに定まったともいえるので、その定義を「凡例」から左に引用する。

○国字トイフハ。本朝ニテ造レル。異朝ノ字書ニ見ヘヌヲイフ（後略）
○国訓トイフハ。漢字ノ中。本朝ニテ用ヒキタル義訓。彼国ノ字書ニ見ヘシ所ニ異ナルアリ。今コレヲ定メテ。国訓トハ云フ也そして、国字として掲げた中に「迚《トテモ》」をみることができる。

ここにいう「異朝の辞書」とは、中国の辞書で当時日本に伝来していたものだから、『字彙』などが念頭にあったと思われる。現代ならば『康熙《こうき》字典』ということになるだろう。


ここで付け加えたい。

「迚」は日本で作られ、『康熙字典』には載っていない。従って国字である。問題となるのが、中国の古い字書に「迚」を載せているものがあったことである。『五音類聚四声篇海』（通常略して『篇海』。金の韓考彦編韓道昭改併重編。1208年成立）の1589年刊本を「京都大学貴重資料デジタルアーカイブ」でみると、「迚音達」の記載がある。明らかに字体の衝突である。しかし『篇海』は「迚」の音《おん》を示すのに反切を用いず、義には全く触れていない。他にこの字を載せる字書は見当たらず、実用された字だといいきれない。

やはり「迚」は国字だとしてよいであろう。

二、辞書にみる解字の変遷

始めに、辞（字）書がどのように「迚」の字の成り立ちを説明してきたかを振り返ってみたい。

室町時代中・後期の節用集は、たいてい字の訓みを示すだけで説明はないが、多くが「とても」として「迚」と「譡」の二つを載せていることが注意される。主な節用集で訓みだけでなく注をつけているものに次の二本がある。

『文明本』　迚《トテモ》　譡《タウ》同 言中理也

『和漢通用集』　迚《とても》 猶以の義

「猶以」（なおもって……）は通常「やっぱり」、あるいは「なおさら」の意だし、「なおもって……の如し」と訓むときは「ちょうど」「まるで」の意だから、どちらにしても「とても」の意味とずれている。そこで『和漢通用集』は検討の対象から除外する。結果古本節用集では『文明本』だけが検討材料として残った。

江戸時代の節用集については、特長の一つである「譡」の消滅と「擋」の出現が何かの意味を持っていそうであるが、「迚」には全く注書きもないので検討対象として役に立たない。しかし前節に述べた研究書には「迚」の成り立ちに触れるものが幾つかある。

それでまず研究書の記述からみていきたい。

『和漢三才図会』（寺島良安。正徳二（1712）年序）
　迚《トテ》　謀難《テ》二如之何《キイカントモシ》一覚悟之詞也与レ雖レ然《ト》義相近

「迚」の意味の捉え方が「とても」の意味の一面のみに偏っている。

『同文通考』（既出）

迚《トテモ》　設レ両ノ辞ヲ又希望ノ辞也

「両を設く」とは二つのものを対《つい》として設定することであろう。二つで対のものとは左右、白黒、雌雄の類であろうが、「とかく」の「と」（そのように）と「かく」（このように）も一対のものと考えられる。ここでは「と（あり）ても」「かく（あり）ても」を指していると考えておきたい。

『自然真営道第三、私制字書』（安藤昌益、宝暦五《1755》年頃）

迚《チウ》ハ中ニ辵《ユ》ク、故ニ「トヂ・デモ・トテモ」

「中ニ辵《ユ》ク」とは道の半ばまで行くという意味であろう。

『和訓栞』（谷川士清《ことすが》。安永六《1777》―明治二〇《1887》年刊）

とても　とありてもとにてもなといふ意也〇とてもかくてもといふ詞によりて俗に迚ノ字を造れりとてもかくてもを略してとてもとばかりもいへりとかくといふに同し

『国字考』（伴直方。文化一五《1818》年頃成立か）
迚《トテモ》　古本節用集に見えたり（中略）按ずるに邊の字を省きて辺に作れるたぐひとおほかれば迚の字もいづれの文字をか省けるなるべけれどいまだ考えず

欄外に次の書き込みがある。

和訓栞第四とても　とありてもとにてもなどいふ意也　とてもかくてもといふより俗に迚の字を造らる

『俚言集覧《りげんしゅうらん》』（太田全斎《1759―1829年》）

とても　此ついでと云をトテモと云（後略）

意味が少しずれているようである。

『倭字攷《こう》』（岡本保考。安政六〈1859〉―明治一一〈1878〉年刊）

（前略）和訓栞とてもかくてもといふ詞によりて俗に辻字をつくれり〇从中从辵或可右或可左是中道之義

「私制字書」にいう「中に行く」の「に」は行く先を示す助詞だろうから、「中に行く」は「道の半ばまで行く、途中まで行く」ことであり、「辻」の意味をそのように解したということであろう。『和訓栞』が「とてもかくてもという詞によって『辻』の字を造った」というのは、「そのようにすべきか、このようにすべきか、どちらともいえず中途半端だということを表す字として『辻』を造った」ということであろう。『倭字攷』はどちらでもない、そこでとるべき方途を決めそれを「中道」という言葉で示した。右すべきか左すべきか考えた結果選んだのが「中道」である。「中道」は「右でも左でもない中正な道」であろうから、『倭字攷』の解釈は「道の半ばまで行く」という解釈と異なり、中正な道を行くという意味だとする新解釈を打ち出したものと理解できる。

以上、江戸時代の研究書の解字をみてきた。

次に、現行の漢和辞典の解字はどうであろうか。通常図書館でみられる範囲の、解字を載せている辞書を数点順不同で掲出する。

『大字源』(角川書店)

解字　会意。意符の辵(みち)と、意符の中(なかの意)とから成る。

『新漢語辞典』(岩波書店)

解字「辶」と「中」。中途まで行く意。

『新漢和大字典』、および『漢字源』(ともに学習研究社)

解字　会意。「辵＋中」で、途中まではともかく、しまい（実現）までは行きつけないことをあらわす。

『新大字典』（講談社）

会意　上の語をうけて、さらにその意をひるがえすときに用いる語。いずれとも判然と定めず、その中間を往来する義にとり、中と辵を合わせる。

『新明解漢和辞典』（三省堂）

字源　会意、辶（道）と中との合字。どちらともきめかねて中途で行きつもどりつする意。よって、ことばをひるがえすときに用いる。

この辞書は『新明解現代漢和辞典』（三省堂2012年刊）とは別本で、1974年長澤規矩雄編で初版が出版されたものである。『新明解現代漢和辞典』には字源の説明はない。『大字源』の解字は二つの意符に分解しただけで、それを組み合わせて作った字の意味を説明していない。また、『新大字典』のいう中間を「往来する」、『新明解漢和辞典』のいう「行きつもどりつ」の意味が二つの意符のどちらから導入できるのか疑問である。なお、「ひるがえす」とは「否定する」意であろう。

三、現代の解字への疑問

現代の漢和辞典の解字に共通しているのは、「辿」の「中」を「なか」(道の途中)と捉えていることである。すなわち、「とても」の原意である「とてもかくても」の「と」と「かく」を道(辶)の起点と終点だとし、その途中が「中」(なか)であって、途中まで行くが終点には到達できないことを表す字「辿」が作られたと解するものである。

この解字は「時間内に全問解答することはとてもできない」「とても全部は食べきれない」などのように、行為の一定部分を否定する(仮に「部分否定」と呼ぶ)ために使われる「とても」を「辿」で表記する場合を説明するのには完全に適合する。「この試合はとても勝てない(勝つか負けるかどちらかしかない)」「とても合格なんかできない(合格するか落第するかどちらかしかない)」などの全否定表現の「とても」を説明することができない。さらに、「とても」は否定表現のときだけに使用が限定されるものではなく、「どうせ」「しょせん」などの意味で肯定表現にも使われたものである。「迚」が作字されたとき「とても」が主として部分否定のために使う言葉であったことが明らかであるならばともかく、全否定表現も肯定表現も古くからなされていることを考えると、現代の諸辞書の解字は納得し難いものである。むしろ江戸時代の考え方が正しい理解に進んでいたといえるのではなかろうか。

四、「諵」の国訓「とても」の誕生

「中」を「なか」と解することが問題であるらしいことが分かった。では「中」とは何なのか。『倭字攷』が思い浮かぶが、そこでいう「中道」とは何なのかも問われなければならない。

視点を変えて、思い出したいのが古本節用集である。「迚」が一般に使われるようになった頃の説明の方が案外当を得ているかもしれない。

『文明本』節用集に「迚《トテモ》譫《同》言中理也」とあった。「中理」は「理にあたる」と訓むのだろうが、「理」とは「道理」であり「尤もなこと」であるから、「理にあたる」とは「道理にかなう」ことである。言うことが道理にかなっているというのがこの注の意味である。

「理にあたる」の「あたる」の意味を端的に示す例が次のような会話であろう。

君、どこへ行くの？

あててごらん
うーん……学校のプールだろう
あたった！

「あてる」はいろいろなものの中から選んで最も道理にかなっていそうなものを探すことであり、その結果これこそが道理にかなっていると考えるものを選び出したことが「あたった」の意味である。道理にかなっているということは他に選択の余地がない、「これしかない」ということだ。「それか、これか」といろいろ考えた揚句「これしかない」と決まったとき、その選び出したものは決意であったり、諦めであったり、不可能という結論だったり、肯定否定どちらでもあり得る。この「これしかない」という言葉こそ正に「とても」の意味するところなのである。

それにしても、どうしてこの「理にあたる」という注が「譡」にだけつけられて、「迚」には注がないのだろうか。しかも、「譡」の旁《つくり》の「當」にはもともと「あたる」の訓みがあるのにわざわざ「中」を使って「理に中《あた》る」としたのはなぜだろうか。何かわけがあるに違いない。

中国文を日本語で読むことに慣れた鎌倉・室町時代の人達にとって、漢詩を作るときに平仄《ひょうそく》を合わせ正しく押韻することは決して容易な作業ではなかったはずである。『広韻』や『集韻』などの韻書は必携の書物であり、盛んに筆写されたことであろう。『広韻』をみると、去声の「宕第四十二」の中に「譡 言中理丁浪切 六」とある。『集韻』（1985年上海古籍出版社。拠上海図書館蔵述古堂影宋鈔本影印）では「讜譡 丁浪切言中理也或从當文九」となっている。この二本の韻書の「言中理」をみて、「とても」の漢字表記を求めていた人達はこれこそ探していたものだと思ったに違いない。「理にあたる。道理にかなっている」が複雑な「とても」の意味を最もよく捉えている言葉だと感じとったからにほかなるまい。「とても」を表記するには正に「譡」をあてるべきだ、漢字「譡」を借りて「とても」の表記字として使うことにしよう。こうして「譡」は国訓「とても」を持つことになったと考えられる。『文明本』節用集は、『集韻』から「譡」と「言中理也」の注をそのまま移して「とても」の表記字として載せたものと考えてよい。

五、「迚」の誕生

こうして「譡」の国訓「とても」は生まれた。それでは、『文明本』節用集に「譡」と並記された「迚」はどのようにして誕生したのだろうか。

「譡」を「とても」と訓んだのは「譡」が「言が道理にかなっている」という意味だからである。「譡」の旁《つくり》である「當」は「あたる」の訓みの字であり、「あたる」とは「道理にかなう」ことなのだ。それならば、と人々は思ったに違いない。『広韻』などが使っていた通り「中」も「あたる」という意味の字であり、「理にあたる」ことを意味するのだから、「中」を意符の一つとして他の適切な字と組み合わせれば「とても」の表記字を作れるはずである。ここで他の適切な字とは人間の行動を表す（シンボライズする）字である。「あたる」は人間がどう行動すれば道理にかなっているかを判断して選択した結果を表す言葉だからである。言葉を発するという行動を表す（シンボライズする）「言」はすでに「譾」に使われているから、ありふれた「道を行く」を使ってみよう。それと「中《あたる》」を組み合わせれば「とても」の表記字になるだろう。こうして「迚」は作字されたに違いないと私は考える。理屈から考えれば「迚」の誕生は「譾」の国訓の誕生に遅れてであろうが、実際にはどちらが先ともいえない。鎌倉時代のわりと短い期間に前後してであろうか。

結論的にいえば、「とても」を漢字表記するには人の行動を表す（シンボライズする）ものを示す意符と「あたる」を表記する「中」か「當」を組み合わせればよい。こうして現に生まれた「とても」の表記字が「迚」であり「譾」だったのである。これは現代の私達が考える理屈であるが、鎌倉・室町時代の人達も「とても」は「道理にかなう」意味だと考えて「迚」や「譾」をあてたのであろう。そうでなければ「譾」に「言中理也」と注するわけがない。江戸時代に考案された「擋」も手を使って「あたる」ことから生まれたものだろうし、もし作字されていたとすれば「襠」の訓みも衣服を着ることから考えられたものだと思われる。

「あたる」は道理にかなうものを選択し決定するという判断を伴うものだから、人間しかできないことである。しかし、人間の諸行動をまとめたものと考えて「人」を意符とした「儅」を「とても」の表記字としようとしても、それはできない。「人」は行動の主体だが行動を表す（シンボライズする）ものではないのである。「儅」は室町末期の史料にみられるものであるが、「とても」の表記字として使った例は見当たらない。もちろん人間以外の動物や物を意符として「とても」の表記字を作ることはできない。従って江戸時代の一部の節用集にみられる「壋」を「とても」と訓ませることはできないのであって、「壋」は手偏を土偏にしてしまった誤字であろうと考えられる。『大谷大学本』節用集にあった「襠《トテモ》」の書き込みについても、偏の「礻」（示《しめす》）は行動そのものを表す部首字であって、行動をシンボライズした字ではない。従ってそれを意符とする字は「とても」と訓むことはできない。「襠」は「擋」の誤記だと考える所以である。

さて、『文明本』節用集にある「中理」とは「道理にかなう」ということであった。ここで『倭字攷』のことを思い出したい。『倭字攷』が提示した「中道」とは左すべきか右すべきか迷った上で選ぶ中正な道のことだから、「中」を「なか」「半ば」だとする一般の解釈から一歩進んで、中正すなわち「正当さ」だと解釈する方途を示したものである。正当であるとは道理にかなっているということだ。『倭字攷』は「中道」という言葉を使って、「辻」は道を行くことが理にかなっているという意味だから「とても」の表記字なのだといいたかったのではなかろうか。あるいは『同文通考』もこの考えを示唆したものかもしれない。

一つ気になることを付け加えておく。『大漢和辞典』についてである。同辞典は「擋」に「とても」の国訓を与え、「辻」を国字として「とても」と訓んでいる。他方、「讜」に国訓を示さず、「讜に同じ」とするので「讜」をひくと「ただしいことば、よいことば、直言」の義を示し、別の義として「ことばが理に中る」として『集韻』をひいている。結果的に「讜」に「理にあたる」の意味を認めながら、なぜ国訓として「とても」

を認めていないのだろうか。

念のためいい添える。「譡」「擋」「襠」はすべて『康熙字典』に載っているが、みな「とても」と関係のない義の字である。従ってこの三字を「とても」と訓むのは国訓である。

六、「𨗴」と「訷」、付「襠」

「迚」と「譡」は「これしかない」ということを意味する字だから「とても」の表記字となった。「これしかない」を意味するわけは、「中」と「當」がどちらも「道理にかなう」意味の「あたる」の表記字だからである。それならば「中」と「當」を入れ替えて「𨗴」「訷」という字を作れば同じような意味を持つ字だと認められそうな気がする。ほんとうにそうなのか検討してみたい。

「遖」を『康熙字典』と『大漢和辞典』でひいてみると、どちらの辞書にも載っていない。つまり「遖」という字は中国でも日本でも作られたことはないようにみえる。ところが、この字は中世の日本にあった字らしいのである。古本節用集をみてみよう。『饅頭屋本』の「左」の部にそれはある。

遖《サテモ》　偖《同》

『饅頭屋本』では「迚」と「遖」の双方を「トテモ」と訓んでいた。その「迚」の「中」を「遖」の「當」と入れ替えたら「とても」が「さても」に変わった。なぜか。気になるところである。

「とても」は「とてもかくても」の略であり、「そうであっても、こうであっても」の意である。雑多なものをあれやこれや吟味して、「これしかない、これこそが道理にかなっている」というものを決めようとするのが「とても」の意味するところであった。他方、「さても」は「さて」を強調する言葉であり、「そういうことで、そのままで」の意味を持つ副詞であるが、また「それはそうと、ところで」と話題を転換する言葉でもある。「とても」が導いた「これしかない」ものを肯定確認して先へ進み、あるいはそこで別の話題に移るというのが「さても」の持つ機能である。「とても」にあてた「迚」の「中」を同じ「あたる」の意味の「當」に変えるということは、「とても」といって決めた「これしかない」ものを肯定確認しながら全く新しい形の字を作るという新局面に移るのだから、まさしく「さても」の持つ機能を作ろうとしているのである。新しい字「遖」は「とても」ではなく「さても」と訓まれなくてはならない。これは現代の我々が理屈の上から考えるところであって、この字が『饅頭屋本』以外の節用集に見つからないことをみると、このような理屈がどこまで是認され、この字が実際にどの程度使用されたのか疑問である。

さらに考えると、「とても」と「さても」が選択と結論、それの確認と前進（または場面の転換）という一連の流れを示すものならば、わざわざ同じ意味の「中」と「當」を入れ替えなくても「中」のままでよいのではないか、「迚」を「さても」と訓んでも構わないのではないかと思えてくる。それに対する答がすでに出されているのである。

『運歩色葉集』で「佐」の部をみると、

迚《サテモ》　偖《同》　諚《同》

とある。同書が「迚」を「トテモ」の表記字としていることはすでにみた。つまり同書は「迚」に「トテモ」「サテモ」の二つの訓みを与えているのだ。「迚《サテモ》」は他の古辞書に見当たらないようなので広く受け入れられた訓みではなかろうが、少なくとも一部の人達は一連の流れの中にある「とても」と「さても」を同じ字で表記したいと考えて「迚」を使い、一部の人達は同じ字をそのまま使うことに納得できず「迚」に加工して「遖」を考案したが、多数の人達はどちらにも納得せず、「迚」と全く関係のない別の字を考え出して「さても」にあてたものだと理解してよいのではなかろうか。

「訷」についてはどうであろうか。

日本の古辞書に「とても」や関連する語（「さても」など）の表記字として「訷」を

あてた例は見当らない。なぜ「訷」を使おうとしなかったのだろうか。分からない。ただ想像するだけである。もし想像を述べることを許してもらえるなら、次のようなことが考えられる。

『康熙字典』（1716年刊）をひくと、言部に「訷」があり、音は於力切、義は「快」（こころよい）である。ところが、先行の字書である『字彙』（1615年刊）や『正字通』（明末期成立）では「訷」はなく、本字である「啻」が口部にあり、意味は「快」である。遡ると、『広韻』では「啻」について音を「於力切」、『集韻』では「乙力切」とし、共に「説文」をひいて義を「快」とする。どちらも「訷」は載せていない。さらに遡って『説文解字』をみると、同じように「訷」はなく「啻」が載っているが、口部ではなく言部の字である（篆書でみると、「啻」は「言」と「中」の合成字）。「快也从言中」と解説しており、段注と『大漢和辞典』の字解を合わせると、「快は喜ぶこと。言う言葉がよく的中すればこころよい。言と中を組み合わせた会意字。音は於力切」だということである。ここで「中」は「的中」のことで、「中理」ではない。的中して喜ぶというとき、それが理にかなっているかどうかは問われないのだ。日本で鎌倉から室町に至る時代の人達は当時中国の辞書に「訷」はないことを知っていた。また、「言」と「中」を組み合わせた、後に或体《わくたい》「訷」になる本字「啻」があることも知っていたと考えられる。そこで「とても」やその派生語の表記字として「訷」を採用したらどうなるか。「訷」を「とても」と訓む根拠は「言があたる」と訓むことにある。日本での解字が独自のものならばよいが、中国でも同様に「言があたる」と解字しながら「啻」を「こころよい」の意味にしているのである。同じ解字をしながら「とても」と訓めば「中」を「的中」でなく「中理」のこととするのだから中国の義解を否定することになる。それは日本の人達にとってできることではない。このように考えて「訷」を採用することは見送られたのだと私は想像する。

さらに考えると、「訷」が作字されなかった根本的な理由が他にあったのかもしれない。

「辻」が作字されたときは、『集韻』などにある「言中理」の注書きに啓発され、「あたる」と訓む「中」を、動作をシンボライズする字と組み合わせて「とても」の表記字とするべく「辻」を作ったのであった。すなわち、「中」を「あたる」と訓むことが作字の前提であった。ところがそのような前提に立たず、「訷」という字を作ってみて、それをどのように訓めるかを考えるときは、意符「中」の意味が改めて問われることになる。日本では「中」という字は「なか」「うち」と訓むのが通常で、動詞「あたる」の表記には「當」をあてるべきであって、「中」を使うことは稀だったのではなかろうか。「中」は名詞で、「なか」「うち」と訓む字であって、「なかなか」（「却《かえ》って」あるいは「なまじい」の意）を「中々」と表記したりもした。「あたる」意味での「中」は「的中」「適中」などの熟語には使われたが、動詞として単独に使われることはあまりなく、まして「かなう」意味の動詞になることはまずなかったのではないかと私は思う。

「中」を意符とする国字国訓は少ないようだが、国字国訓を作る立場で考えると、身近な国訓の例「仲《なか》」（人と人との親しい関係）、「沖《おき》」（岸から遠い海〈湖〉のなか）からも分かるように、「中」が「なか」「うち」の意味だからこそ国字国訓は生まれたのだと考えられる。そうであるならば、「訷」は「なか」「うち」と「言」を組み合わせた、あまり意味をなさない字であって訓みようがなく、使用に堪えなかったものであったに違いない。

いずれにせよ、「訷」は作字されても「とても」と関係のある言葉の表記字として使用できるものではなかったと考えられる。

繰り返しになるがつけ加えておきたい。

同じように「中」を意符としながら、国訓「訷《とても》」は使いものにならず、国字「迚《とても》」は広く用いられるようになったとすると、それはなぜだろうか。それはその国訓・国字の成立が試みられたときに、「中」をどう訓むかが両者で異なっていたからであろう。人々が慣れ親しんでいる「中」の訓みは「なか」であり、「なか」と「言」を組み合わせた「訷」は意味をなし難く訓みようがない。「中」を「あたる」という動詞に解すれば「訷」を「とても」の意味に導けるのだと説明しても、むずかしい説明が必要な訓みは簡単に納得できるものでなく、納得性を欠く国訓は通用し難いのである。他方、「迚」は中国の字書に啓発された人達が「中」を「あたる」と訓んで「とても」の表記字を作ろうとして考案したものであろう。「當」と同じ「あたる」の意味の意符の「中」を使って「譗」と全く違う新字を作る、新字ならば間違っても中国の字解を否定するようなことにはならないという安全意識もあったかもしれない。「中」を「あたる」と訓むことは初めから決まっていたことなのである。いわば「迚」は「中」を「あたる」と訓めることを根拠に「とても」と訓むために作った字である。「訷」は考えてはみたものの「なか」と「言」の合字は意味をなさないという理由で採択されなかったのである。

こうして「迚」は成立したが、「中」を「なか」ではなく「あたる」と訓むことに、納得性の問題はつきまとわざるを得ない。「迚」は鎌倉時代に作字されたと思われるが、長い間「とても」の表記字として広く認知されることなく、一部の人達（たぶん僧侶）の間にしか通用しなかったのではないかと思われるのは、もしかしたらこの納得性の欠如の問題があったからかもしれない。ようやく室町中・後期頃この字は普及したのであろう。そのことは、辞書がこの字を採用したことと関連があるに違いない。辞書が採用したことは納得性欠如の問題を解決してくれたということだからである。

以上が「迚」と関連する字についての私のつたない想像である。

最後に「襠」について触れておきたい。「襠」は『大谷大学本』節用集に「襠《トテモ》」の書き込みがあることから「とても」の表記字にしようと考えた人がいたことが推測される。「襠」が実際に使われたかどうかは分からないが、「とても」の表記字になり得る字であることは前に述べた。現在、この字は「とても」とは異なる意味の字として使われている。衣服や袋物などの布の幅の不足した部分に別に補い添える布（『広辞苑』）、すなわち「まち」のことである。「補い添える」とは別の布を「あてて縫う」ことであるから、「衣」と「當」の意味を合成した訓みである。もちろん国訓である。「とても」と訓もうとしたときは「衣」を「着る」の意味に、「當」を「あたる」「かなう」の意味で使うものであったが、「まち」と訓むときは「衣」を「布」の意味に、「當」を「あてる」「あてがう」意味に使っている。

漢字を二つの字（例えば偏《へん》と旁《つくり》）に分解し、その各々の字がそれぞれ複数の意味を持つ場合、相互に意味を組み合わせれば、お互いに関係のない複数の意味を作ることができる。その意味を訓みとして与えることにして元の字を復元すれば、お互いに関係のない複数の訓み（国訓）を持たせることができる。国訓の面白いところである。

終章　むすび

「とてもじゃないが」は「とても」を強調する言葉であるが、ここの「とても」の用途は否定形を作る場合に限られる。「とても生意気な発言で容認できない」の「とても」は語順からみて「たいへん」の意味で「生意気な」にかかる強調用法の副詞だと考えるべきだが、「とうてい」の意味で「容認できない」にかかるととれないこともない。「とても」を「とてもじゃないが」と言い換えると、この言葉は「容認できない」にしかかかれない。そして、「他に形容する言葉はない」と、切って捨てるようなニュアンスを生んで「とうてい」という気持を強調する。

このように、「とてもじゃないが」は必ず否定形と結びつくように用途が制限されるが、諦め、自嘲、投げやり、呆《あき》れなどのニュアンスを籠めて気持を強調できるので、多用されるのであろう。あるいは、「……ない」という否定形が作った強調形である面白さも使用を促す理由の一つなのかもしれない。「とてもじゃないが」が「とても」を否定するのではなくて強調するのだというと、「ない」という語が否定の意を表す語（仮に「否定語」と呼ぶ）ではなく強調する語であるようにみえる。そうすると、その「ない」を「はしたない」「せわしない」などの「ない」と関連づけて考えたくなる。しかし、「はしたない」などの「ない」は「性質・状態を表す語に添えて、その意味を強め、形容詞をつくる」(『広辞苑』)接尾語なのであって、「とてもじゃないが」の「ない」とは全く異なる。「とてもじゃないが」の「ない」は接尾語ではない。形容詞であって否定語である。では、「とてもじゃないが」が「とても」を否定する形でありながら逆に強調するのはなぜだろうか。

「とてもじゃないが、あいつにはかなわない」というときの気持は次のようなものであろう。「あいつの凄さは尋常ではない。とてもかなわない。いや、『とてもかなわない』では弱すぎる。かなわないことを強調するもっと強い言い方にするべきだ。『とても』はやめて、他の言葉に代えてみよう。『とても』じゃない、それ以上に強い言葉があるはずだ。だが、考えてみたが、『とても』以外に強い、適当な言葉など見つからない。もうお手上げだ」というものである。つまり、「とてもじゃない」と一旦否定したが否定しきれなくなり、もとの「とても」に戻ろうとしているのだ。「とてもじゃないが」は「とても」以外には適当な言葉がないと示唆することによって「とても」の意味を強める。同時にそれを示唆するだけで明言せず「……ないが」と不完全な形に止め、

「あとは言わなくても分かっているだろう」という気持を示すことによって諦め、自嘲、呆れなどの感情を滲ませているのである。以上が「とてもじゃないが」についての私の考えである。

さて、序章で述べたように、否定表現にだけ使われる「とても」と肯定表現や強調表現に使われる「とても」などが一つの会意字で表記されるためには、それぞれの「とても」の意味に共通するものを捉えることが必要である。ことに具象性を欠く副詞や助詞に共通した意味を求めて一字でそれを表記することは簡単なことではないが、意味をつなぎ合わせて字を作る表意文字ならではの特性、さらに中国渡来の漢字で表現できないものを新しい会意字を作ることによって表現してしまう国字の特性がそれを可能にするのだといえるのではなかろうか。「迚」は正にそのようにして生まれた字なのである。

国字をみて、どうしてこんな字を作ったのだろうと首をかしげさせるところに、国字が持つ一つの魅力がある。

あとがき

ある一つの国字について書き終えると、「ああ、終わった。疲れた。もうこれ以上やらない、絶対に」と思い、そう書き、周囲の人にもそう言った。しかし、時間とともに疲れがとれてくると、心の奥にある、まだ取り組んでいない字が気に懸かって仕方がなくなり、「あと一つだけやってみよう」と、同じことを繰り返すことになった。

「しんにょうがついている国字」を調べてみようと思い立ったとき、対象として心に決めた字は、一般に使われている字で固有名詞を除いたものであった。具体的には『国字の字典』（飛田良文監修・菅原義三編。東京堂出版）で見出し字がゴチック体であるものから「逧」を除いたものである。「辷」「込」「適」「迚」の四字であった。「迚」を最後にしたのは、とても手強《てごわ》い字だという予感がして、うまく調べられるか自信がなかったからである。果たして「迚」に取り組み始めてみると苦労の連続であった。例えば「謫」を調べるためインターネットでデータベースにアクセスしようとしたら、この字がＪＩＳ漢字でないため入力できなかった。図書館の相談窓口に聞いてみたが、入力する方法はないだろうとのことで途方に暮れた。幸いにこの時は早稲田大学大学院教授の笹原宏之先生のお助けを得て入力することができた。笹原先生にはこの他にもいろいろご助言を頂き、激励して頂いたお陰でこの本を完成できた。厚く感謝申し上げる。殊に先生は決して私の意見に賛成頂いているのではないにも拘わらず研究者としてご助言を頂けたこと、お礼の申し上げようもないと思っている。

こうして予定した字は四つとも完了することができた。気がついてみたら、はや私も九三歳になった。予想していなかったことだが老人ホームに入居した。今、机も書棚もパソコンもない、辞書も資料もほとんどない。狭い個室のベッドのサイドテーブルでこれを書いている。原稿用紙を汚し、杖をひいて図書館を訪れることは、智力体力の衰えだけでなく、生活環境からも容易でなくなってしまった。とてもじゃないがこれ以上できないのである。以上、獲麟《かくりん》の弁である。

これからどうするかはおいおい考えるとして、取り敢えず何十年も前のカセットテープで圓生の子別れでも聴こう。それとも虎造の石松代参にしようか。

〈著者紹介〉
西井辰夫（にしい たつお）
1931 年　東京生れ
1953 年　東京大学法学部卒業　三和銀行に入行
1980 年　取締役ニューヨーク支店長。帰国後、国際部門を担当
1985 年　シカゴ駐在となり現地金融子会社会長
1987 年　帰国。同年専務の役職を解かれ取締役（1988 年退任）
日立造船副社長に就任　1993 年退任、顧問
1995 年　退任、現役を退く

著書
『酒を搾り袖を絞る　国字と国訓を考える』（新風舎　2007 年）
『奇妙な国字』（幻冬舎ルネッサンス　2009 年）
『「しんにょう」がついている国字　不思議な字「辶」　不死身な字「込」』（幻冬舎メディアコンサルティング　2018 年）
『あっぱれから適まで　ある国字の盛衰』（幻冬舎メディアコンサルティング　2022 年）

とてもじゃないが
国字《こくじ》「迚《とても》」のなぞ

2024年11月29日　第1刷発行

著　者　　西井辰夫
発行人　　久保田貴幸

発行元　　株式会社 幻冬舎メディアコンサルティング
〒151-0051　東京都渋谷区千駄ヶ谷4-9-7
電話　03-5411-6440（編集）

発売元　　株式会社 幻冬舎
〒151-0051　東京都渋谷区千駄ヶ谷4-9-7
電話　03-5411-6222（営業）

印刷・製本　中央精版印刷株式会社
装　丁　　弓田和則

検印廃止

Printed in Japan
ISBN 978-4-344-69134-6 C0081
幻冬舎メディアコンサルティングＨＰ
https://www.gentosha-mc.com/